IL CAOS DELLA VITA

raccolta di poesie di Laura Zei

A Giacomo, Dafne, Costantino e Nassos

Cantilena di una donna noiosa incinta

Sola
Emarginata dalla tua parola

Quella che in principio ci univa
E sopra ogni altro atto sovrana imperava

Quella che ci faceva fremere d'attesa
Di un frase memorabile o dell'ennesima sorpresa

Notti bianche in suo onore
Ignari d'aver scoperto l'amore

La sua potenza
Annichiliva dell'altro la presenza

La sua laconicità
Celava ricercata perfettibilità

La sua voluttà
Trascinava via dalla realtà

Ed ora Sola
Emarginata proprio dalla tua parola

Ma che cos'è il tradimento
Se non della parola di un'altra il perfetto completamento?

Il tutto

Insieme per mano, dai miei vent'anni camminiamo

Stento a ricordare tutti quei momenti

Fatti di vissuti prima di vederti

Forse non c'è neanche storia prima

A tutto appartieni

Il tutto in te trattieni

Hai sfuocato il passato

Hai ridipinto il futuro

Il fuggevole presente e' solo amore

Il tuo sorriso è vita

La tua allegria inebria il mondo tutt'intorno

Insieme per mano, dai miei vent'anni camminiamo

Pensiero di fine aprile ad Atene

Costumi da bagno sgocciolanti

teli da spiaggia semifradici

occhialini maschere boccagli in busta separata del supermarket

crema ancora insabbiata dalla volta precedente

occhiali da sole in testa

pelle nuda a contatto degli scottanti sedili

tettino aperto

stordimento solare

lieve prurito del sale essiccato sul corpo

raggi ancora potenti

curve rocciose per inseguirli a occidente

vento caldo

frastagliata mozzafiato costa sud ateniese

profumo di oleandro

spossatezza piacevole del dopo nuoto

Finto inno all'io

Invano **mi** arrabatto

Per l'altro al **me** anteporre,

Io manco nel proporre.

Repente **ti** ricatto

Tu mi fai: la vita scorre!

Se **te** voglio amare,

Al **me** saper rinunciare

Io privo d'amore o deprivato

Come sogghigna quell'ilare vestito da scienziato!

Posso **io** ciò che non ho imparato?

Forse non è tardi

Per al sarcasmo lanciar dardi.

Tra le invettive stasera censurate

Non ci son le più adorate.

Senza timor allor scopate!

Mi si dirà: ma questa non è terapia,

Non è il modo di trovar la via.

Comunque sia la sorte,

Allontana dalla morte.

Dice non dir "cazzo"

Anche se a orecchio greco suona come un "siedo"

Su questo tema soprassiedo.

Disturba che son volgare?

Manco m'avesse chiesto per l'altare:

Ci siam sposati in segreto,

Almeno avessimo fottuto in un roseto.

Poteva esser una degna festa,

Se uno non si montava la testa.

Perché aspetto d'esser festeggiata?

E sola mi perdo la passeggiata?

Ho sogni prometeici

E il cuore di un lattante,

Socraticamente accetto d'essere ignorante.

Da li costruisco non aspettando il dieci,

Se penso anche alla lode

Ne può venir fuori una frode.

La malattia avanza,

Siamo in due in una stanza.

Neanche più fumare,

Ci porta a comunicare.

Son cosi insopportabile

O dai sentimenti resa disabile?

Sembra che quelli facili a poetare

Dai genitori han provato il deprivare,

Quelli invece che troppo han accudito

Senza aiuto ora non alzano neanche un dito,

Soffrono se non son serviti

E se non son forti posson esser pervertiti.

Forse dobbiam trovar la via di mezzo,

Per della vita

Non sciupar il più bel pezzo.

Il non autunno greco

Il non autunno greco
Un non passaggio
Della caducità un assaggio
Una non sfiorita
Un solare inno alla vita

Caldo autunno ellenico già trascorso
Senza avere in vero avuto corso
Giardino eternamente assolato
Da scattanti piedini scalpicciato

C'è un pensiero in cui non mi invischio
Per non correre uno scomodo rischio

Quello di pensare che lo sto vivendo
E di ritrovarsi all'improvviso in inverno
Finché si prende la vita a testate
Si crede di essere in estate

Il non autunno greco è allettante

Se della vita non vuoi perdere un istante
L'illusione dell'eterno essere è una calda brezza
Luce vivente di un'antica saggezza

Se un po' ti attardi in questa beltà
Capisci perché è nata qui la civiltà
Mi riferisco soprattutto al moderno pensiero
Che dubbioso avanza senza anelare al vero

Civiltà senza dogma ne' randello
Come unica arma l'umano cervello
Tenuto in un corpo ugualmente prezioso
Da olimpiadi non tenuto ozioso

Caldi raggi di sole dal balcone orientale
Tanto per non farti lavorare
Poi nel giardino il pomeriggio
Altrove normalmente grigio
Raggi di un sole ancor più forte
Manco l'estate fosse alle porte

Le anime laboriose devono star ben attente
A non cader nel tranello del dolce far niente

Ora

Vocette ellinogermaniche propinque
Allegri schizzi d'innocenza
La bocca piena del tuo prolifico membro
Versi di Dante che toneggiano
Natura piena
Mare dal folto bosco
Gli angeli si trastullano nel loro bianco cosmo
pace dei sensi
calda quiete dopo l'olimpionico sforzo
Dopo l'insegnamento, il premio
Il desiderio prometeico si insinua
E dietro la montagna?
La grande bellezza
O la paura di lasciarla
La perfezione è ora
Pianificazioni da sdrammatizzare
Rimembranze da ridimensionare
Presente vivo
Sei qui, adesso
Dall'altra parte del mare le mie radici
A nord ovest dal mio presente
Il paradiso

Pilio monte ponte

Ginestra dalla finestra
nel monte ponte
tra mare e mare
purezza ghiacciata di sorgente
non vi si nuota sovente
edera in simbiosi avvolge gli arbusti
atmosfera fluviale tra gli alti fusti
acqua da vena senza tempo sgorgata
cascate dalle rocce celata
sul mare marmoree sculture
dolce foce dalle alture
si effonde dirompente nel sale
nella pietra solo le piante forti hanno attecchito
mandorli in fiore hanno in concerto l'occhio rapito
bianca spiaggia scolpita
illusione d'eterna vita
bimbi come dei
sono invece i miei
epicureo ritorno al finito presente
Adamo ed Eva nell'eden vivente
selvaggi di fronte al mare aperto

come i pirati che per primi l'han scoperto.

Il caos della vita

forse il Caos nella mia mente

gibt es keine Ordnung

whatsoever?

an hasard je me suis réveillée

y no puedo recordar

dov'ero prima di nascere

ergo

δεν ξερω που θα παω

ma il sole oggi splende

Cose perse

Ho perso l'autopsicologica ignoranza
con armi invisibili una vera mattanza

ho perso il quotidiano aiuto
che forse non avevo mai voluto

la disciplina asiatica
si è rivelata di sentimenti statica

ho perso l'illusione di ricchezza
spesa in nefandezza

ho perso l'ambita posizione
di moglie oca del padrone

ho perso la sopravvalutata bellezza
lo psichiatra l'ha gettata nella monnezza

ho perso la Carrera per la via
in fondo non era mai stata mia

ho perso l'impero in espansione
come l'ovest opulento retto su una bolla di sapone

ho perso i progetti piccolo-borghesi
i denari altrove sono stati spesi

ho perso la speranza nel mio mattone
forse da sempre era stata un'illusione

ho perso il salice piangente
abbattuto dal vento, ma non nella mia mente

foglie e rami curvi pieni di ricordi
ombra di avvenuti e desiderati bagordi

riparo dall'umana bruttezza
verde rifugio d'immensa bellezza

ho perso il profumo del gelsomino
soffocato dalle feci dei micetti del vicino

ho perso l'ira nel combatter tenzone
ma non la tenacia del giusto secondo ragione

ho perso il credito illimitato
ma me lo ero forse meritato?

ho perso ogni settimana lo psichiatra
ma può darsi che non fossi l'unica malata

ho perso il potere
o si fonda sulla forma del mio sedere?

Cose acquisite

non più neonata, ma nella testa adolescente
analisi ad altri posso far sovente

anni passati a sparlar su quel divano
possono avere un risultato strano

forse non guidano verso saggezza
ma all'analisi del prossimo con naturalezza

l'occidentale sempre in corsa affannata
può apprezzare di vivere un po' alla giornata

il compagno di vita da perenne accusato
deve entrare nel ruolo di amato

quello di amante
in erezione costante

era forse un ruolo mai perso
ma all'amore legato solo per un verso

bellissima prole di tre diverse età
orgoglio e prova di estrema serietà

amiche vere in giro per il mondo

legate da un sentimento profondo

genitori compresi e perdonati infine
per avere sbagliato credendo a buon fine

sogni di potere è umano coltivare
desideri di avere è sciocco celare

libertà regina di ogni cosa
solo la salute le può essere rispettosa

classe e stile non se ne andranno con l'età
son cose che chi ha e chi non ha

Strofili di ogni verde un eterno assaggio
mi ricorda che sono solo di passaggio

lo stesso mare che Socrate aveva ammirato
mi rigenera da ogni stato

la montagna selvaggia
fa rimembrar la mia terra saggia
la collina paesana
della bella toscana

la vista della bianca metropoli l'occhio trastulla
son passati secoli e non par cambiato nulla

fulcro del mondo era un tempo Atene
ora è in prima pagina per le sue pene

di storia e cultura sembran scoppiare i marciapiedi
a volte così piccoli che quasi non li vedi

le lingue d'Europa in piacevole concerto
un po' stonato per l'orecchio inesperto

i viaggi e la voglia di esplorare
la musica, l'arte e la voglia di scopare

la speranza che qualcosa rimarrà
la tecnologia senz'altro aiuterà.

Cantilena di una donna noiosa incinta, Kifissia, 6 giugno 2006

Il tutto, Vourkari, Kea, 10 luglio 2006

Pensiero di fine aprile ad Atene, Vouliagmeni,1 maggio 2007

Finto inno all'io, Kifissia, 16 marzo 2012

Il non autunno greco, Kifissia, 27 novembre 2013

Ora, Agios Nikitas, Lefkada, 20 novembre 2014,

Pilio monte ponte, Pilio, 1 maggio 2015

Il caos della vita, Kifissia, 3 maggio 2015

Cose perse, Kifissia, 19 agosto 2015

Cose acquisite, Kifissia, 17 settembre 2015

IL CAOS DELLA VITA

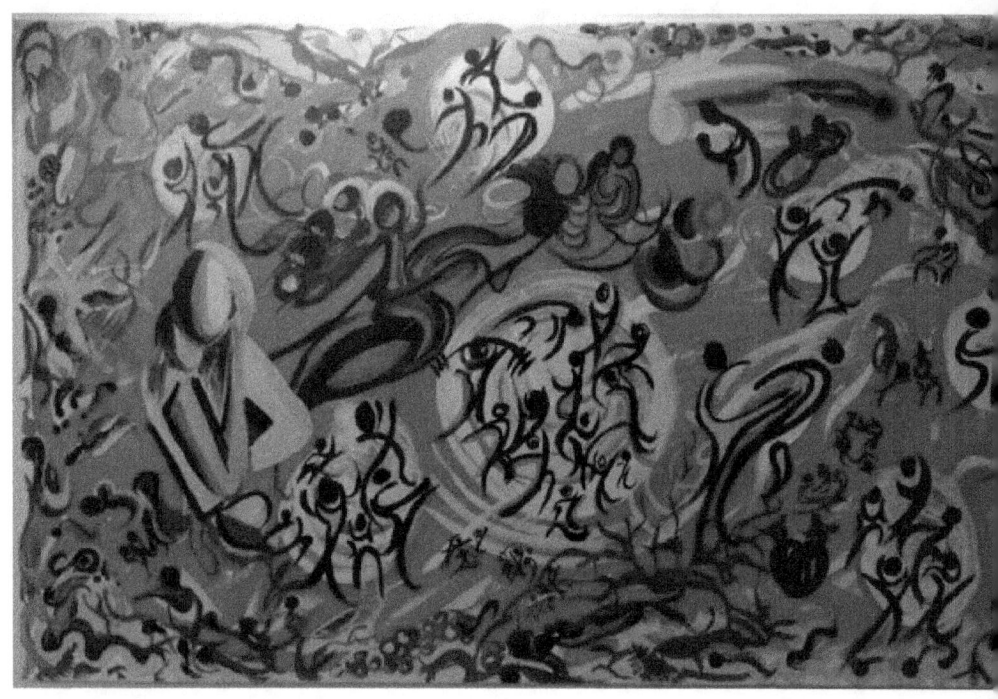

olio su tela 120x70 cm

by Laura Zei